AF312805

24/25 Février 1908

marqué P

COLLECTION

de feu M. LEMAIRE

(Ancien Ministre de France en Chine)

Objets d'Art de la Chine

COSTUMES - SOIERIES

COMMISSAIRE-PRISEUR

Mᵉ F. LAIR-DUBREUIL

EXPERT

M. LAURENT HÉLIOT

CATALOGUE

DES

ANCIENNES PORCELAINES

DE CHINE

Émaux cloisonnés - Émaux de Canton

BRONZES

Bois sculptés - Laques - Bijoux - Éventails

MEUBLES D'EXTRÊME-ORIENT

COSTUMES ET SOIERIES BRODÉS

TAPIS

Composant la Collection de feu M. LEMAIRE

(Ancien Ministre de France en Chine)

ET DONT **LA VENTE AUX ENCHÈRES PUBLIQUES** AURA LIEU

HOTEL DROUOT, SALLE N° 11

Les Lundi 24 et Mardi 25 Février 1908, à 2 heures

COMMISSAIRE-PRISEUR	EXPERT
Mᵉ F. LAIR-DUBREUIL	**M. LAURENT HÉLIOT**
6, rue Favart	62, rue de Clichy

EXPOSITION PUBLIQUE

Le Dimanche 23 Février 1908, de 2 heures à 5 h. 1/2

CONDITIONS DE LA VENTE

Elle sera faite *au comptant.*

Les adjudicataires paieront *dix pour cent* en sus des enchères.

L'exposition mettant le public à même de se rendre compte de l'état et de la nature des objets, il ne sera admis aucune réclamation, une fois l'adjudication prononcée.

Paris. — Imp. de l'Art, CH. BERGER ET Cⁱᵉ 41, rue de la Victoire.

DÉSIGNATION

PORCELAINES

1 — Huit petites bouteilles et vases en couleurs
unies : bleu foncé, bleu-turquoise et poudre
de thé. Kien-lung.

2 — Deux petits vases vert camélia et jaune mou-
tarde craquelés; petit brûle-parfums à deux
anses, de forme surbaissée, couleur jaune mou-
tarde craquelé.

3 — Trois théières en ancienne porcelaine de la
Chine, décor de personnages en bleu sur blanc,
polychrome et terre de Bocaro.

4 — Six pièces : bols, tasses et petites coupes, à
décors variés, fond jaune et dragons à cinq
griffes dans des flammes. Kien-lung.

5 — Six petites tasses, à décors polychromes sur
fond de diverses couleurs. Kien-lung.

6 — Deux petites jardinières hexagonales, décorées de dragons en bleu rehaussé d'or sur fond blanc.

7 — Deux pitongs en grès et en porcelaine, l'un décoré de dragons en relief sur fond turquoise, l'autre décoré de fleurs en relief sur fond bleu foncé.

8 — Deux brûle-parfums en grès émaillé brun et vert clair, et un vase en grès flammé gris et noir à deux anses, anneaux fixes.

9 — Coupe fleur de lotus en terre de Bocaro, personnage au centre, et petite bouteille blanche à décor de fleurs en léger relief. Kien-lung.

10 — Boite à thé, de forme rectangulaire, décorée sur chaque face de personnages en relief et d'encadrement de grecques en bleu, couvercle en bois. Vieux Chine.

11 — Jardinière, forme vasque, décorée de dragons en couleurs dans des nuages, bordure rose sur fond jaune, ornée de quatre petits médaillons fond blanc, rehaussés de fleurs en couleurs. Époque Youg-tchen.

12 — Deux assiettes en vieux Japon, décorées de fleurs en bleu et rouge de fer, et deux petits

plats creux, décorés de fleurs et d'oiseaux en couleurs sur fond blanc.

13 — Huit assiettes vieux Chine, décorées à fleurs et modèles de vases ; bordures en forme de lambrequin à fond rose et rouge de fer dentelée et quadrillée.

14 — Cinq petits plats creux, à décors de fleurs et personnages en émaux de couleurs sur fonds de diverses nuances. Kien-lung.

15 — Petit plat creux, décoré de fleurs et de papillons en émaux de couleurs sur fond blanc. Époque Kang-hi.

16 — Pied en grès émaillé brun, de forme lobée et ajourée.

17 — Vase-rouleau, fond bleu caillouté, orné de fleurs de prunier et de deux grands médaillons, décorés d'ustensiles et modèles de vases en bleu sur fond blanc.

18 — Grand vase couvert, de forme carrée aplatie, orné de deux médaillons, deux des faces sont décorées de guerriers, de personnages et de caractères sur fond blanc, les deux autres faces sont à fleurs et papillons, anses formées de personnages reposant sur une fleur de lotus en haut relief.

19 — Deux personnages en grès de Canton, émaillés
en couleurs ; et personnage supportant une clo-
che en grès du Japon.

20 — Deux enfants debout, décorés en émaux de
couleurs. Kang-hi.

21 — Deux personnages, décorés de fleurs et de
rinceaux en polychrome sur fond crème ; et deux
mendiants en grès émaillé. Tâo-kouang.

22 — Deux petites bouteilles à col évasé, panses
surbaissées, personnages réservés en blanc sur
fond noir.

23 — Jardinière de forme hexagonale surbaissée,
décorée sur chaque face de personnages en bleu
sur fond blanc. Tâo-kouang.

24 — Petit tabouret à fond vert clair, décoré de
fleurs et rinceaux, lambrequin à la base, boutons
en relief au pourtour du haut. Époque Kien-lung.

25 — Paire de bas de cornets à fond bleu, rehaussés de fleurs et de chrysanthèmes en rouge de
cuivre et décorés de médaillons à personnages
dans un paysage en bleu et rouge de cuivre sur
fond blanc. Époque Kang-hi.

26 — Deux brûle-parfums, l'un sur trois pieds et
à deux anses bleu indigo, couvercle ajouré sur-

monté d'un bouton, l'autre sur quatre pieds à têtes chimériques, ornements de grecque en relief, fond marron. Kien-lung.

27 — Personnage debout, tenant un enfant sur son bras, décor de rinceaux fleuris sur fond bleu et rouge. Tâo-kouang.

28 — Potiche, décorée en bleu sur fond blanc, présentant de nombreux enfants se livrant à divers jeux. Époque Kang-hi.

29 — Paire de potiches couvertes, de forme octogonale, décorées de personnages en émaux polychromes dans un paysage.

30 — Vase-balustre, décoré de personnages et d'enfants ; scène d'intérieur, rocher et bananier en émaux de couleurs. Époque Kien-lung.

31 — Grande coupe à bord évasé en biscuit émaillé, fond aubergine, décorée sur la panse de fleurs et d'oiseaux en relief en bleu-turquoise, bordure grecque dentelée sur l'épaulement et à la base, couvercle en bois. Époque Ming.

32 — Cache-pot en ancien grès émaillé de la Chine vert camélia, orné de deux dragons jouant avec la boule de feu.

33 — Grand oiseau de proie en ancien grès émaillé, perché sur un tronc d'arbre, orné de branches fleuries, émail flambé gris.

34 — Paire de petites potiches, décorées de rinceaux fleuris et de quatre médaillons à personnages en bleu sur fond blanc. Kien-lung.

35 — Deux petites potiches, décorées de personnages dans un paysage, bordure quadrillée en émaux polychromes. Ming.

36 — Deux personnages debout en ancien grès émaillé de diverses couleurs, représentant deux mendiants.

37 — Deux vases, de forme turbinée, émaillés sur biscuit fond bleu foncé, l'un décoré de personnages et d'arbustes fleuris en bleu-turquoise, l'autre orné de fleurs de lotus et pendentifs, avec flots à la base. Époque Ming.

38 — Grand cornet droit légèrement évasé, décoré de nombreux personnages représentant une scène d'intérieur, des fleurs et des fruits en émaux polychromes sur fond blanc. Époque Ming.

39 — Paire de potiches, décorées de personnages et paysages en émaux polychromes sur fond blanc; pied et collerette en bronze. Époque Ming.

40 — Paire de chimères, surmontées de deux enfants
à cheval tenant une fleur à la main, décorées
aux trois couleurs. Autre chimère sur pied
carré à jour en blanc crème. Kang-hi.

41 — Paire de vases carrés émaillés sur biscuit,
fond bleu foncé, avec fleurs en léger relief. Époque Ming.

42 — Paire de petites jardinières pour garniture de
table, de forme carré-long, décorées de rinceaux et de fleurs en bleu et rouge de cuivre.
Kien-lung.

43 — Huit petits flacons-tabatières, de formes et de
couleurs variées.

44 — Petit pitong, de forme carrée, décoré sur cha-
cune des faces de paysages en émaux de couleurs sur fond blanc dans un encadrement en
bleu. Époque Kien-lung.

45 — Grosse bouteille couverte, à col évasé, rouge
haricot.

46 — Vase, forme gourde, à deux renflements, laqué
fond noir et incrusté de nacre, décor à personnages dans un paysage. Kang-hi.

47 — Grand bassin à poissons, décoré au pourtour de dragons dans les flammes en rouge de fer; intérieur: poissons dans des herbages en émaux de couleurs. Tâo-kouang.

235

48 — Service de table et à dessert en porcelaine du Japon, se composant de : soupière, douze assiettes creuses, trente-deux assiettes plates, saladier, deux saucières, huit plats de diverses grandeurs, dix-huit assiettes à dessert, huit compotiers, décor de dragons en rouge de fer au centre et rinceaux sur les bordures.

450

49 — Service à café et à thé en porcelaine de Limoges, décorée à Canton; fond mosaïque à carrelages, orné de plusieurs médaillons à personnages, oiseaux et fleurs en émaux polychromes sur fond blanc. Il se compose de : douze tasses à café avec soucoupes, deux sucriers, cafetière, deux théières, onze tasses à thé avec soucoupes.

210

50 — Service à dessert en même porcelaine et de même décor, se composant de : vingt-sept assiettes, quatre grandes assiettes à gâteaux, cinq petits plats ovales et un plateau.

130

BIJOUX, ÉVENTAILS

51 — Éventail en ivoire japonais, décoré sur une des faces d'un vol d'hirondelles et de bambous en laque d'or; l'autre face représente un vol de grues, des bambous et des chrysanthèmes laqués or.

200

52 — Éventail chinois en ivoire, bois de santal, écaille et filigrane d'argent émaillé en bleu : fleurs et personnages, sculpté et repercé à jour.

53 — Collier, composé de cinq petites plaques en or émaillé rouge, vert et blanc, avec caractères et oiseaux montées sur fil d'or. Travail indien.

500

54 — Collier, composé de deux rangs de petites monnaies d'or montées sur chaîne en or. Travail indien finement ciselé.

470

55 — Grand collier arabe en or, formé de petites médailles montées sur chaîne et orné au centre d'une grande plaque, de forme demi-lune, à fleurs ciselées et petites boules.

455

502 56 — Deux bracelets arabes en or filigrané, forme manchettes.

120 57 — Bracelet chinois en or filigrané à deux têtes de dragons.

210 58 — Bracelet chinois en or : lettres et fleurs ciselées.

ÉMAUX CLOISONNÉS

ÉMAUX DE CANTON, BOIS SCULPTÉS, IVOIRES

400 59 — Paire de vases-balustres en émail cloisonné de la Chine, décor de fleurs en émaux de couleurs variées sur fond blanc. Tâo-kouang.

605 60 — Paire de grands vases en émail cloisonné de la Chine, à large panse, col évasé, fond bleu-turquoise, décorés d'arbres, de fleurs et d'oiseaux aux cinq couleurs. Tâo-kouang.

260 61 — Paire de petites jardinières en émail cloisonné, de forme rectangulaire, à bord plat et angles lobés, décor de rinceaux fleuris en émaux de couleurs sur fond bleu-turquoise.

585 62 — Animal chimérique en émail cloisonné, la tête ramassée sur le corps; socle carré de même matière, à draperie, carrelage et rinceaux fleuris. Pièce curieuse. Tâo-kouang.

225 63 — Vase, de forme ovale, en émail cloisonné; arrête en forme de grecque et décoré sur les faces et sur les côtés d'ornements et de rinceaux fleuris en émaux de couleurs; lambrequin à la base, fond bleu-turquoise, anses formées de deux salamandres en cuivre doré. Tâo-kouang.

64 — Trois petits brûle-parfums en émail cloisonné, de forme ronde, décorés de fleurs et papillons en émaux de couleurs sur fond bleu-turquoise. Deux sont garnis de couvercles.

65 — Six pièces en émail cloisonné : bol, deux petites bouteilles et trois flacons-tabatières, décors variés.

66 — Tortue en émail cloisonné, fond bleu-turquoise, à carrelages; couvercle surmonté d'un serpent.

67 — Petite buire en cuivre gravé et émaillé. Travail indien. Aiguière avec son bassin en cuivre jaune. Ancien travail oriental.

68 — Cinq pièces en ivoire de la Chine : statuette, Divinité debout, sculptée; groupe de deux enfants et personnages ; grenouille portant un squelette; cachet surmonté d'une chimère finement sculptée.

69 — Grand vase, de forme ovoïde, avec couvercle porte-fleurs en ancien émail de Canton, décor dit aux Cent-Cerfs, avec paysage sur fond blanc.

70 — Deux théières en ancien émail de Canton, fond en mosaïque bleu ciel, à médaillons décorés de personnages : sujet européen sur fond blanc.

71 — Théière plus grande, de forme hexagonale, à coins lobés : personnages, fleurs et oiseaux en couleurs dans un médaillon sur fond blanc.

72 — Drageoir, se composant de neuf plateaux décorés de personnages dans des paysages sur fond blanc et coupe à couvercle.

73 — Huit petits plateaux, de forme carrée, à coins lobés : sujets de personnages européens en couleurs sur fond blanc.

74 — Deux grandes buires avec couvercles émaillées, fond bleu-turquoise, décorées sur la panse, en forme de cœur, de caractères et de chauve-souris, ornement bouddhique et rinceaux fleuris.

75 — Oiseau du ciel debout sur une tortue couleur fond bleu-turquoise et une coupe à couvercle.

76 — Deux bols avec couvercles accouplés, fond bleu martelé, ornés de fleurs, décorés de grecque avec lambrequin à la base et à l'orifice. Très fine pièce.

77 — Quatre petites plaques en émail; l'une représente la Vierge et l'Enfant Jésus; les trois autres des saints divers, émail français moderne.

78 — Trois pièces : deux flacons, verre et bois, montre émaillée.

79 — Corne en ivoire, garnie de métal argenté et gravé.

80 — Deux tubes en bambou doré et sculpté, à dragons ajourés et chimères dans des fleurs.

81 — Trois petits écrans, dont deux en ancien laque de Coromandel, sur pieds laqués rouge ajourés; l'autre en bois, appliqué de personnages en bois et ivoire.

81 *bis* — Deux éléphants harnachés et caparaçonnés, en bois de fer très finement sculpté, ornés d'incrustations de jade, d'ivoire, d'émaux cloisonnés et pierreries diverses; et portant chacun un petit vase en bronze doré, décoré de fleurs émaillées en couleurs. Socles en bois de fer finement sculpté et découpé à jour. Époque Kien-lung.

82 — Très petit paravent ancien à six feuilles, en cartonnage et satin crème, sur lesquelles sont appliqués en haut relief des personnages, des arbres et des rochers en ivoire colorié.

83 — Paire de pitongs carrés en ancien laque rouge de Pékin, finement sculptés : personnages dans un paysage sur pieds de même laque.

84 — Coupe à sacrifice en corne de rhinocéros ; anse décorée d'une salamandre sculptée en relief.

85 — Ancien groupe de trois personnages en bois de fer sculpté ; au centre, le Dieu de longévité à cheval sur son axis.

86 — Trois petites boîtes, de forme carrée, en bois noir incrusté de nacre, personnages et arbres.

87 — Petite pagode à colonnes en bois de fer, incrustée de nacre et autres matières.

88 — Boîte de laque, renfermant trois autres boîtes variées de couleurs, décorées de fleurs sur les couvercles.

89 — Petite pagode, de forme hexagonale, en bois de fer incrusté de jade, d'ivoire, pierreries de couleurs et plaque de porcelaine ; la toiture est surmontée d'une petite pagode entourée d'une galerie en émail. Pièce curieuse et fine.

90 — Grande canne de dame en bois de santal, la tête formée d'un grand dragon sculpté autour de nombreux dragons.

91 — Petite boîte en ivoire sculpté ancien, en forme
de fruit, et renfermant un encrier à broyer l'encre
de Chine.

92 — Tube carré à angles lobés en bois de fer, personnages et arbres en nacre incrustée; deux
petits coffrets de même travail.

93 — Sceptre en bois, avec plaques de jade sculptées ; chimère en bois sculpté sur socle carré.

91 — Grands panneaux en hauteur en bois, représentant un paysage avec personnages, arbres et
rochers en nacre, jade et autres matières. Autre
panneau rectangulaire incrusté de fleurs et de
burgau.

95 — Deux petits panneaux en carton-pâte ancien,
de travail persan, décorés de fleurs et d'oiseaux
peints en couleurs, en léger relief au centre;
médaillons ornés de personnages avec encadrement de caractères.

96 — Sept étuis-nécessaires à manger en ivoire,
bois et cuivre incrusté et gravé, avec leurs cou-
teaux et leurs bâtonnets.

97 — Groupe de deux personnages en racines de
bois de fer très finement sculptées. Travail ancien.

98 — Groupe en bois de fer finement sculpté, représentant le Dieu de longévité debout, tenant son bâton d'une main et, de l'autre, la pêche ; à côté de lui, son axis et l'oiseau du ciel.

99 — Grande boîte en laque rouge de Pékin, en forme de pêche finement sculptée de personnages et de paysages. Travail ancien.

100 — Grande boîte, de forme ronde, en ancien laque rouge de Pékin, très finement sculptée de dragons dans les nuages et ornements divers.

BRONZES, CUIVRES

101 — Statuette de Bouddha assis, les jambes croisées. Bronze ancien à patine brune.

102 — Divinité à six bras, tenant divers ornements bouddhiques. Ancien bronze doré de la Chine.

103 — Personnage représentant un guerrier debout tenant un pinceau. Ancien bronze.

104 — Deux divinités à plusieurs bras. Bronze à patine brune et dorée.

105 — Neuf statuettes de divinités bouddhiques. Bronze ancien à patine brune et dorée.

106 — Grande chimère debout en bronze ciselé et portant sur le dos deux paniers porte-fleurs. Ming.

107 — Trois pitongs en bronze doré ciselé et gravé de fleurs et oiseaux (un en forme de crapaud).

108 — Deux pièces en bronze : brûle-parfums, avec couvercle surmonté d'une chimère et petit vase en bronze à deux anses.

109 — Bouteille à long col en ancien bronze ; ouverture renflée à six lobes.

110 — Trois pièces en bronze : pipe en forme d'éléphant, une sonnette, une petite théière.

111 — Deux chimères en bronze ancien, formant brûle-parfums.

112 — Boite, de forme rectangulaire en cuivre gravé, à personnages et fleurs, renfermant un encrier à broyer l'encre de Chine.

113 — Buffle portant un personnage assis sur son dos. Bronze ancien de la Chine à patine brune.

114 — Ancien livre de prières en cuivre, la couverture ornée d'un dragon, encadrement à carrelages gravés ; petite plaque carrée renfermant des caractères.

115 — Applique en bronze doré : enfant avec crapaud à trois pattes, signe du Bonheur et de la Fortune.

116 — Grande chaufferette de forme hexagonale, avec anses en cuivre rouge, médaillons à paysages ; couvercle ajouré.

117 — Grand bassin creux en plomb, décoré à l'intérieur de nombreux personnages en prières auprès d'une pagode en cuivre rouge incrusté. bord plat et festonné. (*Pièce ancienne et curieuse.*)

118 — Poussah assis. Bronze ancien.

119 — Grande potiche couverte en métal blanc, à dix pans, sur lesquels sont incrustés en cuivre jaune les huit Immortels : le dieu et la déesse de longévité avec fleurs. (*Pièce ancienne et curieuse.*)

120 — Deux personnages coiffés d'un bonnet pointu assis sur un tonnelet; ils tiennent d'une main un petit vase, décor de dragons gravés.

121 — Deux buires, de forme lobée, en cuivre gravé et repoussé : personnages dans des médaillons avec traces de dorure; couvercle surmonté d'un lion de Fô.

122 — Groupe de sept personnages en bronze, debout sur un rocher. Chacun d'eux tient à la main un ornement bouddhique.

123 — Trois bonzes en bronze doré, à costumes gravés.

124 — Trompe de guerrier tartare en cuivre gravé, formée par un dragon.

MEUBLES

125 — Deux petits cabinets anciens en bois de fer, incrusté de nacre et de pierres diverses : sujets à personnages, arbres, rochers et papillons ; ils ouvrent par un couvercle et deux portes et sont garnis de tiroirs à l'intérieur. — Haut. et larg., 36 cent.

126 — Deux grands coffres, de forme rectangulaire, en bois noir et incrustations de nacre, représentant des fleurs et des oiseaux ; bordure à grecques ; sur pieds bas en laque rouge découpés à jour. — Haut., 68 cent. ; larg., 78 cent.

127 — Deux petites étagères anciennes, de forme ovale, en bois de fer finement sculpté et découpé à jour, comprenant neuf compartiments destinés à recevoir des divinités ; elles reposent sur des socles sculptés et découpés.

128 — Grand cabinet en bois de fer ancien, incrusté de nacre, avec porte et tiroirs.

129 — Plateau rectangulaire en bois de fer, incrusté de nacre.

130 — Petit paravent à six feuilles peintes sur papier, à décor de personnages et d'enfants jouant dans un paysage.

COSTUMES ET ÉTOFFES BRODÉS

131 — Lambrequin en satin de soie brodé sur fond noir : personnages représentant les divinités taoïstes, fruits et fleurs.

132 — Quatre bandes en satin bleu ciel et gris de fer, brodées de fleurs et de dragons.

133 — Deux bandes et deux devants de table fond satin rouge à éléphants, fleurs et ornements, brodés en or et soies de couleurs.

131 — Grande bande en soie rouge, ornée de fleurs brochées. Sept mètres environ.

135 — Lambrequin en satin de soie fond ardoise, décoré de trois personnages, fleurs, fruits et oiseaux, brodés en couleurs.

136 — Lambrequin en satin chaudron, dragon et flamme brodés en or.

137 — Quatre pièces : bandes et devant de table en soie brochée fond satin rouge : dragons et ornements.

138 — Trois devants de table en soie satin rouge, brodés de personnages et de fleurs.

139 — Lot de treize morceaux dont trois coussins, bandes et autres en soies de diverses couleurs.

140 — Portière en soie fond vert clair brochée, dessins dorés à bâtons rompus, sujet à nombreux personnages et jeux d'enfants en couleurs.

141 — Bande formée de morceaux en soie brochée, décorée de dragons.

142 — Bande en satin rouge chaudron, brodé de fleurs et de personnages représentant les Immortels, le dieu et la déesse de longévité.

143 — Robe de dame en satin broché et velours épinglé couleur prune, à rosace et fleurs, avec parements de manches fond jaune impérial brodé or et médaillons à fleurs.

144 — Robe de dame en satin-velours broché et épinglé fond cerise : fleurs, fruits et papillons de même couleur.

145 — Robe analogue à la précédente, de couleur grenat, manche à parements jaunes.

146 — Robe de dame chinoise en velours grenat, brodée de fleurs et de papillons en soie bleue, parements couleur saumon, brodés de fleurs en couleurs.

147 — Robe en satin bleu ciel : fleurs, fruits et papillons en velours épinglé.

148 — Robe en crêpe de Chine, fond rose crevette, brodée de fleurs et de papillons en couleur.

149 — Robe en satin rose pâle ornée de médaillons en forme de feuilles à personnages imprimés en couleur dans des paysages sur fond blanc.

150 — Robe en gaze bleu marine, brochée, et ornée dans le bas de fleurs en or et de flots.

151 — Robe en gaze bleu ciel, brodée de fleurs, fruits et papillons en couleurs.

152 — Très joli petit veston de dame en satin de soie rose broché, orné de médaillons brodés en soie de couleurs, représentant des personnages et des fleurs; bordure fond marron, vert et noir, décorée de personnages.

153 — Robe de mandarin en soie bleu marine, brodée en or et soies de couleurs, de fleurs et du dragon impérial; le bas est orné de flots et de fleurs brodés en couleurs.

154 — Robe de mandarin tissée or et soies de couleurs, représentant des dragons, des fleurs, des ornements bouddhiques, des nuages et des flots.

155 — Deux jupes de femme en satin de soie rouge
cerise, brodées dans le bas en soie de couleurs,
de personnages et de fleurs dans des paysages.

156 — Deux jupes en gaze de soie blanche et noire,
brodées de fleurs en soies de couleurs.

157 — Deux jupes en velours broché épinglé à fleurs
et fruits, l'une fond jaune, l'autre couleur saumon.

158 — Six pièces : bandes et devant de table en
velours broché épinglé, fond tissé d'or à ornements, représentant des dragons dans un encadrement de fleurs fond saumon.

159 — Dix bandes et quatre devants de table en soie
rouge et satin cerise, brodés d'or, représentant
des éléphants et des fleurs.

160 — Quatre devants de table en drap rouge, brodés
en soies de couleurs, avec médaillons en satin
blanc, brodés de fleurs et d'animaux chimériques ; bordure en couleurs.

161 — Quatre devants de table disposés en portières
en crêpe de Chine, à fleurs et oiseaux brochés
et brodés en soies de couleurs.

162 — Robe de bonze ou prêtre en soie bleu marine, brochée de dragons et de flammes en or et en couleurs, avec gland dans le bas.

163 — Portière en soie satin fond bleu ciel, brodée de personnages en soies de couleurs, avec petit lambrequin brodé de fleurs sur fond rouge.

164 — Portière en satin, fond chamois, brodée en soies de couleurs : grande fleurs sur un rocher ; aux angles, un treillage de fleurs.

165 — Bande de soie, fond jaune impérial, avec dragons brodés en soies de couleurs.

166 — Tapis de prière en soie de même couleur, brodé de nombreux caractéres et d'ornements bouddiques.

167 — Portière en soie tissée et brochée rouge et or, dessin à bâtons rompus, bande verte dans le haut ; deux autres bandes, dont une fond jaune, à personnages.

168 — Grande et belle portière de temple en soie rouge-grenat très finement brodée de personnages et de fleurs. Quatre personnages, au bord d'une balustrade contre un rocher, contemplent au loin le dieu de longévité sur son axis, traversant un pont jeté sur une rivière ; encadre-

ment de fleurs brodées en soie bleue, lambrequin avec franges à fond vert, personnages
brodés en soies de couleurs.— Haut., 3 m. 30 cent.;
larg., 2 m. 10 cent.

169 — Grande et belle tenture en soie, fond rouge-
cerise, très finement brodée en soies de couleurs ; au centre, caractères brodés en or dans
un encadrement de personnages dans des habi-
tations. Le haut, à nombreuses figures, représentant une scène d'intérieur ; le bas, à
rocher et vagues. — Haut., 4 m. 40 cent. ;
larg., 2 m. 45 cent.

170 — Grande et belle tenture en soie satin cerise,
très finement brodée; au centre, une déesse,
grandeur nature, tenant un vase, auprès d'elle,
un axis ; fond à caractères chinois en or et encadrement représentant les huit Immortels dans
des fleurs et des ornements bouddhiques ; le
haut présente un arbre fleuri et un faisan
sur des rochers. — Haut., 4 mètres ; larg.,
3 m. 15 cent.

171 — Grande et belle tenture en velours grenat,
très finement brodée en soies de couleurs, présentant un grand personnage accompagné de
trois enfants et d'un axis auprès d'un arbre : en-

cadrement à figures et enfants à cheval sur divers animaux brodés en soies de couleurs ; le haut présente trois ronds formant des lettres brodées en or et des caractères chinois. Pièce de grande rareté. — Haut., 3 m. 50 cent.; larg., 2 m. 85 cent.

172 — Deux grandes portières : l'une en drap rouge ; l'autre en drap grenat foncé, brodées en soies de couleurs, représentant des fleurs, des animaux et des ornements bouddhiques. — Haut., 3 mètres; larg., 2 m. 10 cent.

173 — Petite portière en drap rouge, très finement brodée en or et soies de couleurs à sujet représentant quatre grands personnages grandeur nature, encadrés de caractères brodés en or. — Haut., 2 m. 20 cent.; larg., 1 m. 45 cent.

174 — Grand couvre-lit ou tapis de table en drap rouge, brodé, en soies de couleurs, de nombreux personnages et de fleurs dans un encadrement noir. — Haut., 2 m. 35 cent. ; larg., 3 m. 10 cent.

175 — Portière en drap rouge, décorée au centre d'un grand caractère brodé en or et de nombreux personnages brodés en soies de couleurs. Haut., 2 m. 40 cent.; larg., 1 m. 25 cent.

176 — Douze coussins en drap rouge brodé soie et
or à rosaces et éléphants. Grand lambrequin en
drap blanc brodé en soies de couleurs, de fleurs
et d'oiseaux, avec frange.

177 — Tapis de table tissé en poil de chameau fond
bleu, dessin varié. Travail oriental.

178 — Cinq pièces de soie en rouleaux dont deux à
fond bleu tissé d'or, une à fond marron avec
rosaces, décor de dragons, une fond rose à fleurs
et papillons, et une autre fond crème tissée d'or.
(Seront divisées.)

179 — Grand kakémono en soie rouge très finement
brodée en soies de couleurs, décoré au centre
d'un mandarin en grande tenue tenant un sceptre
et auquel un enfant présente un cachet; l'encadrement représente les huits Immortels, en haut
trois ronds à caractères brodés en or et nuages
bleus.

180 — Kakémono en soie, fond rouge-grenat, finement brodée en soies de couleurs, à figure de
femme accostée d'une cigogne; le haut présente
des caractères brodés en or et des nuages.

181 — Kakémono en tissé Gobelin; au centre, les
trois divinités taoïstes, grandeur nature.

182 — Grand kakémono en largeur, peint sur papier de Chine ; le décor représente une nombreuse famille chinoise : scène d'intérieur. (*Très jolie pièce.*)

183 — Grand tapis d'Orient à rosaces, dessin à arabesques, encadrement de plusieurs bordures dont une à fond blanc, ornée de rosaces en couleur. — Long., 5 m. 20 cent. ; larg., 2 mètres.

184 — Grand tapis chinois à fond rose passé ; au centre : grande rosace fond jaune, ornée de fleurs tissées en bleu et rouge, entourée d'un carrelage avec petites fleurettes, bordures fond chamois et fond jaune ornées de fleurs et d'animaux en couleurs. — Long., 4 m. 70 cent.; larg., 2 m. 65 cent.

185 — Grand tapis chinois analogue au précédent.

186 — Grand tapis chinois tissé en bourre de soie, brodé au centre de fleurs et de rinceaux en couleurs sur fond rouge grenat, encadrement de grecque en bleu, bordure à carrelage et fleurettes sur fond bleu. — Long., 4 m. 80 cent.; larg., 1 m. 70 cent.

9 782329 528670